Franz Schlosser

Fabulae!

Zehn lateinische Märchenparodien

gereimt, illustriert, annotiert,
mit situativen Grammatikübungen

Vandenhoeck & Ruprecht

Bibliografische Information Der Deutschen Bibliothek

Die Deutsche Bibliothek verzeichnet diese Publikation in der Deutschen Nationalbibliografie; detaillierte bibliografische Daten sind im Internet über <http://dnb.ddb.de> abrufbar.

ISBN 978-3-525-71009-8

Mit 29 Abbildungen

Gesamtherstellung: ⊕ Hubert & Co., Göttingen

Vorwort

»Fabulae!« ist eine Sammlung von zehn gereimten und mit Illustrationen aufgelockerten lateinischen Märchen(parodien) für Schüler, die im 3. oder 4. Jahr Lateinunterricht haben. Die latinisierten Erzählungen orientieren sich teils eng an den Originalen, teils gibt es größere inhaltliche Abweichungen:

- So wird die Hoffnung des Mädchens, dass der Frosch, der ihren Spielball aus dem Brunnen holte, durch ihren Kuss zum Prinzen mutiert, bitter enttäuscht, denn Letzterer bleibt, was er war – sie hingegen verwandelt sich in eine amphibische Artgenossin.
- So merkt Hans, dass man mit täglicher Ganzkörperhygiene erfolgreicher durchs Leben kommt.
- So fällt Rospin(ul)a (Dornröschen) während einer von vielen tödlich langweiligen Lateinstunden in einen komatösen Schlaf, aus dem sie erst hundert Jahre später von einem innovativen Lateinpädagogen und Motivationskünstler wieder erweckt wird.
- So setzt Mitella Rubra (Rotkäppchen) als emanzipiertes Mädchen des Computerzeitalters den »omivoren« (sprich: Großmutter fressenden) Caniden Wolf mit einem gezielten Kung-Fu-Handkantenschlag außer Gefecht.
- So trifft Cinerentula (Aschenputtel) in der Disko den schönen Robbie, der sich Hals über Kopf in sie verliebt und sie zur Mrs. Williams machen möchte.

Jede der Geschichten ist auf ein oder mehrere grammatische Phänomene fokussiert, die in der Appendix Grammatica am Ende des Büchleins trainiert werden. Neben den Texten befindet sich jeweils ein lateinisch-deutsches Glossarium, das die Neologismen und schwierigeren Wörter und Ausdrücke erläutert.

Ziel der latinisierten Märchen ist es,

- die Schüler in die literarische Gattung der Parodie einzuführen,
- den »normalen« Lateinunterricht durch einen »comic relief« aufzulockern,
- die Schüler mit einem »etwas anderen« Vokabular vertraut zu machen,
- die Schüler zu ermutigen, selbst wortschöpferisch tätig zu sein und weitere Anachronismen ins Lateinische zu übersetzen bzw. Alternativvorschläge für die in den Märchen fungierenden Neologismen zu machen,
- wichtige Kapitel der lateinischen Grammatik situativ zu wiederholen und zu internalisieren.

Die Märchen können/sollen bevorzugt vor den (großen) Ferien, wenn die Arbeitsmoral der Schüler gegen Null tendiert, ohne Grammatikstress (!) zum Einsatz kommen und für einen kleinen Motivationsschub sorgen.

Waldsee, im November 2007 — Franz Schlosser

Inhalt

1 De Hannulo Gretulaque fabula

Expulsus a parentibus
egenis bonus Hannulus
cum Gretula in silvam it
et miram casam conspicit.
Haec casa enim variis
constrata est bellariis.

Hannes et Greta gemini,
qui cibi avidissimi,
de casa spiram detrahunt,
quam sine mora comedunt.

Hoc ipso puncto temporis
vox resonat mirabilis:
«Quisnam terrarum meam bellam
audet arrodere casellam?«
Ad quod respondent parvuli:
»Quid nisi flatus zephyri?«
Et iam in casae ianua
apparet anus gibbera.
Benignitatem simulat,
et aditum misellis dat.

expellere, pello, puli, pulsum: wegjagen
egenus, a, um: arm

mirus, a, um: sonderbar

(con)sternere, sterno, stravi, stratum: bestreuen, bedecken
bellaria, orum *n.:* Naschwerk
gemini, orum *m.:* Zwillinge
casa, ae *f.:* Haus
spira, ae *f.:* Brezel
detrahere, traho, traxi, tractum: abreißen
sine mora: unverzüglich

hoc ipso puncto temporis: in diesem Augenblick

arrodere, rodo, rosi, rosum: benagen

flatus, us *m.:* das Blasen
zephyrus, i *m.:* Westwind

anus, us *f.:* alte Frau
gibberus, a, um: bucklig
benignitas, atis *f.:* Freundlichkeit
misellus, a, um: arm, bedauernswert

Sed anus haec venefica
abiecta et malefica,
et eius est propositum
comedere Iohannulum.

Forte fortuna Hannulus
est pusio macerrimus.
Et pupus macer haud sapore
iucundus magae est in ore.
Quare saginat puerum,
eheu, miserandissimum
inclusum, vae, in cavea
haec malitiosa femina.

venefica, ae *f.:* Giftmischerin, Hexe
abiectus, a, um: gemein
maleficus, a, um: bösartig, gottlos
propositum, i *n.:* Plan
forte fortuna: zum Glück
pusio, onis *m.:* Knabe
pupus, i *m.:* Knabe
macer, cra, crum (*Superlativ:* macerrimus): mager, dürr
iucundus (a, um) sapore (*vgl.* sapor, oris *m.*): angenehm im Geschmack
saginare: füttern, mästen
miserandus, a, um: bedauernswert
includere, cludo, clusi, clusum: einsperren
cavea, ae *f.:* Käfig
malitiosus, a, um: bösartig

Sed Hannes pondere non crescit,
venter illius non tumescit.
»Esurio eaque re,
mi Hannule, nunc asso te!«
exclamat anus verrucosa
saevitia plena, rabiosa.
Cum autem portam aperit
et os fornacis inspicit,
detruditur a Gretula
in ignem. Vale, vetula!

pondere (*vgl.* pondus, eris *n.*) crescere, cresco, crevi, (cretum): an Gewicht zunehmen
tumescere, tumesco, tumui, –: anschwellen
esurire: hungrig sein
assare: braten
verrucosus, a, um: warzig
saevitia, ae *f.*: Wut
rabiosus, a, um: wütend, toll, rasend
fornax, acis *f.*: Ofen
detrudere, trudo, trusi, trusum: *hier:* hineinstoßen
vale! *ironisch:* Tschüss!
vetula, ae *f.*: die Alte

Praecepta

praeceptum, i *n.*: Moral

Cremabitur, qui miseros
comedere vult pueros.

cremare: verbrennen, einäschern

Qui altri fodit foveam
incidit ipse in eam.

fodere, fodio, fodi, fossum: graben
fovea, ae *f.*: Grube

2 De Niveola septemque nanis fabula

Niveola, ae *f. Deminutiv von Nivea:* Schneewittchen, *eigentlich:* »die Schneeweiße«
nanus, i *m.:* Zwerg

Niveolae longe cunctarum
stultissima est novercarum.
Die ac nocte hebetem
suam aspectat faciem
reflexam in specululo
suo oraculario.
Die ac nocte magicum
interrogat specululum.
»O speculum, quae femina
est omnium pulcherrima!«
Et iterum et iterum
idem responsum stultulum:
»Nulla venustior est te.
Hoc intellegitur per se!«

noverca, ae *f.:* Stiefmutter
hebes, etis: dumm, stumpfsinnig
facies, ei *f.:* Gesicht
speculum, i *n.:* Spiegel
oracularius, a, um (*vgl.* oraculum, i *n.*): hellseherisch
venustus, a, um: schön, lieblich, anmutig

Sed quondam illi speculum
»Es noniam«, dicit, »omnium
mulierum pulcherrima!
Regina nunc Niveola!«
Hoc stultae odium excitat
atque invidiam conflat.

E domo pellit miseram
in silvam caecam. Parvulam
lupus, ut sperat, indagabit
unoque morsu devorabit.

odium, i *n.:* Hass
odium excitare: Hass erregen
invidia, ae *f.:* Neid
invidiam conflare: Eifersucht erregen
pellere, pello, pepuli, pulsum: vertreiben, verstoßen
silva, ae *f.:* Wald
caecus, a, um: dunkel, finster
indagare: aufspüren
morsus, us *m.* (*vgl.* mordere): Biss

Sed parva, cum per silvam it,
in septem nanos incidit,
insolitos in pumilos
aere omnino dirutos.
Aleam sortium temptaverunt
et nummos suos perdiderunt.
Pupam libenti animo
accipiunt hospitio.

incidere, cido, cidi, – in aliquem: auf jemanden stoßen, treffen
pumilus (i *m.*) insolitus: ungewöhnlicher, seltsamer Zwerg
aere (*vgl.* aes, aeris *n.*) omnino dirutus (*vgl.* dirumpere, rumpo, rupi, ruptum): bankrott
sors, tis *f.:* Losstäbchen; Weissagung; Schicksal
aleam sortium temptare: den Würfel der Schicksale ausprobieren, i. e. Lotterie spielen
pupa, ae *f.:* Mädchen, Puppe
aliquem hospitio accipere, cipio, cepi, ceptum: jemanden gastlich bei sich aufnehmen

Se praebet nanis etiam
Niveola gratissimam.
Quae die quodam subito
hoc dicit his: »Non dubito,
quin possim adiuvare vos
amicos meos miseros.
Novercae meae speculum
quod speculum est magicum.«
Hoc clepam, quod vaticina
vi prospicit in postera.«

grat(issim)um se praebere, praebeo, praebui, praebitum: sich dankbar erweisen

clepere, clepo, clepsi, cleptum: stehlen
vaticinus, a, um: prophetisch
in postera *(Pl. von posterum, i n.)* prospicere, spicio, spexi, spectum: in die Zukunft sehen

Niveola promisso stat.
Tolutim domum cursitat.
Novercam privat speculo,
ut supra dixi, magico.
Tum denuo aleatorum
appetit casam stultulorum.
Speculi ope pumili
sunt cito divitissimi,
quod pretium simul sumptorum
ferunt perpetuo praemiorum.

promisso stare, sto, steti, statum: sein Versprechen halten
tolutim cursitare: im Trab laufen, joggen
noverca, ae *f.:* Stiefmutter
aliquem aliquo privare: jemanden um etwas berauben
aleator, oris *m.: eigentlich:* »Würfler«, i. e. Glücksspieler
appetere, peto, petivi, petitum: aufsuchen
ops, opis *f.:* Hilfe
cito *Adv.:* schnell
sumere, sumo, sumpsi, sumptum: an sich nehmen
pretium praemiorum simul sumptorum ferre, fero, tuli, latum: den Jackpot gewinnen

Amplexu collum Niveae
puellae petunt callidae.
Eam permulcent, basiant,
oscula mille ei dant.

amplexus, us *m.:* Umarmung
collum, i *n.:* Hals
callidus, a, um: schlau, gerissen
permulcere, mulceo, mulsi, mulsum: streicheln
basiare: küssen
osculum, i *n.:* Kuss

meae partes sunt: ich bin an der Reihe

Praeceptum

Abice numquam speculum.
Hoc forsitan est magicum.

abicere, icio, ieci, iectum: wegwerfen
forsitan *Adv.:* vielleicht

3 De Ranunculo regio fabula

Ranunculus, i *m.* (*vgl.* rana, ae *f.*): »Froschi«

Puellae pila incidit
in puteum. Laudatus sit
ranunculus, qui prope stabat
et hunc eventum observabat.
»Sum princeps«, dixit, »excantatus.
Ranunculus, vae, non sum natus.
Si me ad cenam invitabis,
si me mulcebis et basiabis,
in puteum insiliam
et pilam tuam efferam.«

pila, ae *f.:* Ball
incidere, cido, cidi –: hineinfallen
puteus, i *m.:* Grube, Brunnen
princeps, ipis *m.:* Prinz
excantare: verzaubern
mulcere, mulceo, mulsi, mulsum: streicheln, sanft berühren
insilire, silio, silui –: hineinspringen

»Si te ad cenam invitabo,
si te mulcebo et basiabo,
in puteum insilies
et pilam meam efferes?
Fiat! Ad cenam te vocabo.
Fidem praestabo, non mutabo!«

fidem praestare alicui: ein Versprechen geben

In puteum se inicit,
e quo cum pila exsilit,
quam parvulae beatae dat.
Puella gaudet, iubilat.

Cum brevi post ranunculus
ianuam pulsat pedibus,
occurrit parvulae fabella
mirabilis, in qua puella
ranunculo dat basium,
qui confert se in regulum.

brevi post: kurz danach
pedibus pulsare: mit den Füßen anklopfen
aliquid alicui occurrit (occurrere, curro, curri, cursum): einfallen, in den Sinn kommen

regulus, i *m.:* Prinz

»Quod fecit illa, faciam
et ego: collum appetam
ranunculi amplexu. Tum
huic offeram basiolum.

collum, i *n.:* Hals
amplexus, us *m.:* Umschlingung, Umarmung
offerre, fero, tuli, latum: entgegenbringen, darbieten
basi(ol)um, i *n.:* Kuss

pro deum (= deorum) fidem: oh Gott!

Certo suam amphibiam
amittet pellem frigidam
et se convertet itidem
bellissimum in principem.«

amittere, mitto, misi, missum: aufgeben, verlieren
pellis, is *f.:* Haut
se convertere, verto, versi, versum: sich verwandeln
itidem *Adv.:* ebenso

Spes autem fallit parvulam
puellam simplicissimam.
Se ipsam in arboream
convertit ranam frigidam.

rana arborea, ae *f.:* Laubfrosch

Praeceptum

Cum mundus velit decipi,
decipiatur, liberi!

decipere, cipio, cepi, ceptum: betrügen

4 De Hanne fabaque ingente fabula

fab(ul)a, ae *f.*: (kleine) Bohne
ingens, entis: riesig

Matercula Iohannulo
filio unigenito:
»Tu non ignoras pauperes
te et me esse homines.
Qua re, mi fili, hodie
in urbem ire volo te.
In urbe puto divitem
te inventurum hominem,
quem spero Anastasiam
empturum bovem feminam.
Spes tenet me te maximi
hanc venditurum pretii.«

mater(cula) filio : *erg.* dixit
unigenitus (*vgl.* unus, gignere, gigno, genui, genitum): eingeboren

Quod Hannes fecit. Bestiam
cum faba commutavit, nam
mercator dixit fabulam
vi maga esse praeditam.

vi magica praeditus, a, um: mit magischer Kraft ausgestattet

Deinde bonus filius
rediit domum hilarus.
Et mater: »Certo scio te
venum dedisse optime
hanc bovem pretiosissimam!«

hilarus, a, um: fröhlich

venum dare, do, dedi, datum: verkaufen

»Sic! Commutavi bestiam
cum faba!« – »Faba stupidane
hanc vendidisti?! Re verane?!
Hanc dono dari nolui,
hanc vendere te volui!
Tam hebetem et stupidum,
te nesciebam asinum!«
dixit prae iracundia
non apud se matercula.

Fabam in sterquilinium
iniecit. Parvum miserum
comis et auribus tractavit
et fuste male, vae, mulcavit.

cummutare aliquid cum aliqua re: eintauschen gegen

re verane?: wirklich?

hebes, hebetis: dumm, blödsinnig
asinus, i *m.:* Esel
prae iracundia (ae *f.*) non apud se: außer sich vor Zorn
sterquilinium, i *n.:* Mist(haufen)
inicere, icio, ieci, iectum: hineinwerfen
coma, ae *f.:* Haar
auris, is *f.:* Ohr
comis et auribus tractare: an Haaren und Ohren ziehen
fustis, is *m.:* Stock
mulcare: prügeln

compescere, pesco, pescui, –: bezähmen

Fit corylus e nucula.
E fabula altissima
est facta arbor ramulis
ornata cunctis aureis.
Cum mater lecto exsurrexit
postridie et hoc conspexit,
Iohannum somno excitavit.
Gaudio commota exclamavit:
»In summam fabam illico
ascendere te iubeo.

corylus, i *f.:* Haselstrauch
nucula, ae *f.* (*vgl.* nux, nucis *f.*): Nüsschen
ram(ul)us, i *m.:* (kleiner) Ast, Zweig

lecto exsurgere, surgo, surrexi, surrectum: sich aus dem Bett erheben, aufstehen

Desidero te ramulos
decidere auriferos.«

In arborem Iohannulus
evasit agilissimus.
In fronde anthropophagum,
gigantem vidit abditum.
Qui dixit: »Te olfacio
foetidiorem porculo!
Esurio! Oportet me
plane absumere nunc te!«

ramu(lu)s, i *m.:* (kleiner) Ast
decidere, cido, cidi, cisum: abschneiden
aurifer, era, erum: Gold tragend, aus Gold
arbor, oris *f.:* Baum
evadere, vado, vasi, vasum: *hier:* hinaufsteigen, emporklimmen
frons, frondis *f.:* Laub
anthropophagus, i *m.:* Menschenfresser
gigas, antis *m.:* Riese
abdere, abdo, abdidi, abditum: verstecken
olfacere, facio, feci, factum: riechen
foetidior porc(ul)o *Abl. comparationis:* übler riechend als ein Schwein(chen)

De arbore, perterritus,
cursu descendit Hannulus.

Sed mater eius stupida,
quod auri erat cupida,
in arborem evasit. »Vah!
Euoe! Euoe! Quae mattea!«,
colossus hilarus clamavit
et matrem Hannis devoravit.
»Nesciebam vitam hominum
tam brevem esse. Ceterum,
censeo tempus esse me
corpus lavare propere,
ne monstrum me olfaciat,
ne me ut matrem comedat,
me, cuius est propositum
in summam fabam iterum
evadere et ramulos
decidere auriferos«
vociferavit Hannulus.

vah! *Interjektion:* wow!
euoe! *Interjektion:* juchhei!
mattea, ae *f.:* Leckerbissen
hilarus, a, um: lustig, heiter

olfacere, facio, feci, factum: riechen, wittern

vociferare: laut rufen, schreien

Dictum, confectum. Opibus,
quid mirum, brevi post valebat
et iucundissime vivebat.

dictum confectum: gesagt, getan
ops, opis *f.:* Vermögen, Reichtum

Praeceptum

Nonnumquam calida lavare
corpus est vere salutare.

calida: *erg.* aqua
salutaris, e: gesund

5 De Rospina dormiente fabula

Non solum erat valde bella
et formosissima puella,
sed erat regis filia
et sedula et callida.
Erat perita artis nendi,
tibialia acu sarciendi,
bonas placentulas coquendi,
mala et pira condiendi.
Sciebat artem computandi,
Gallice scripta explanandi,
Graece, Hispanice loquendi,
scriptores optimosos legendi.
Sed hanc grammaticae pigebat,
a qua discenda abhorrebat.
Gerundium, eheu, discendi
et gerundivum percipiendi,
quae res est vere stupida,
minime erat cupida.
Pigebat pupam declinandi
verba in tempora, mandandi
memoriae versiculos
saepissime ridiculos.
Discendi scholae hanc taedebat,
quae obdormiscere solebat
imbuta soporifera
grammatica odifera.

Rospin(ul)a, ae *f.:* Dornröschen

callidus, a, um: schlau, gerissen
nere, neo, nevi, netum: spinnen, weben
peritus, a, um artis nendi: erfahren in der Kunst des Spinnens
tibiale, is *n.* (*Pl.:* tibialia, ium): Strumpf
acus, us *f.:* (Strick-)Nadel
acu sarcire, sarcio, sarsi, sartum: flicken
placent(ul)a, ae *f.:* Kuchen
coquere, coquo, coxi, coctum: backen
malum, i *n.:* Apfel
pirum, i *n.:* Birne
condire: einmachen, einwecken
computare: rechnen
scriptores optimi: *hier:* Klassiker
piget, uit, – (aliquem alicuius rei): es verdrießt

percipere, cipio, cepi, ceptum: begreifen, verstehen

verba in tempora declinare: Verben konjugieren
versiculus, i m. Deminutiv von versus, us m.: Verschen

taedet, taeduit/taesum est (aliquem alicuius rei): er/sie ist überdrüssig
obdormiscere, dormisco, dormivi, –: einschlafen
solere, soleo, solitus sum: pflegen, gewohnt sein
imbuere, buo, bui, butum: tränken
soporifer, fera, ferum: einschläfernd
odifer, fera, ferum: verhasst

Cum verba declinabat filia
principis quondam difficilia
praesenti tempore, futuro,
praeterito perfecto duro,
centum annorum, vae, sopore
oppressast in aetatis flore.

Post centum annos Carolus,
magister dono praeditus
linguas docendi barbarorum
(et contra morem id maiorum,
quod verba ille cantitando
docebat neque declinando)
cognoverat de parvula
somno sepulta lepida.
Pupam ducendi cupidus
in matrimonium Carolus
per silvam magnam cursitavit
et domum regis vestigavit.
Regis illius domus rosis
circumdata erat spinosis.
Doctor in regiam intravit,
Rospinam vidit, basiavit.

quondam *Adv.:* einst

sopor, oris *m.:* Schlaf
opprimere, primo, pressi, pressum: niederdrücken, überwältigen
aetas, atis *f.: hier:* Jugend
flos, floris *m.:* Blüte

et id: und zwar
cognoscere, gnosco, gnovi, gnitum: erfahren
parvula lepida: die hübsche Kleine
somno (sepelire, sepelio, sepelivi) sepultum: in tiefen Schlaf versunken
pupa, ae *f.:* Puppe, Mädchen
in matrimonium ducere, duco, duxi, ductum: in die Ehe führen, heiraten
cupidus, a, um: begierig
vestigare: aufspüren

spinosus, a, um: dornig, stachelig
regia, ae *f.:* Königsschloss

Repente illa oculos
caeruleos pulcherrimos,
gratia dis, ut fere fit
in fabulis, aperuit.
Cum vidit bonum praeceptorem,
grammaticam qui contra morem
patrum discipulos docebat
(quo eos gaudio complebat),
amore capta est, quid mirum,
viri illius. Tempus dirum
effluxerat arti soporis
centum annorum. Professoris
admonitu haec iterum
in ludum litterarium
ibat. Latine cantitando
discebat neque desudando.
Nec denuo lethargia
affecta est virguncula.

repente *Adv.:* plötzlich
oculi (orum *m.*) caerulei: himmelblaue Augen
praeceptor, oris *m.:* Lehrer
dirus, a, um: schrecklich
effluere, fluo, fluxi, –: vergehen
sopor (oris *m.*) artus: fester Schlaf
admonitus, us *m.:* Mahnung
ludus (i *m.*) litterarius: Schule
desudare: schwitzen, sich abmühen
lethargia, ae *f.:* Schlafsucht

Praeceptum

Discendi cantitando mos
omnes iuvat discipulos.
Linguas cantando discimus,
quod constat, multo melius.

6 De Rubrimitella lupoque fabula

Olim vivebat cunctis grata
Rubrimitella appellata
in parvo oppido puella
undecim annos nata bella.
Puella aviam habebat,
quae prope silvam incolebat
et cuius habitaculum
erat autocineticum.

gratus, a, um: beliebt

avia, ae *f.:* Großmutter
silva, ae *f.:* Wald
incolere, colo, colui, cultum: wohnen
habitaculum (i *n.*) autocineticum / domuncula (ae *f. von* domus, us *f.*) autocinetica: Wohnwagen

Vae, venit Lupus! Iubilavit
et uno morsu devoravit
Rubrimitellae miseram
aviolam invalidam,
fame cruciatus, avidus
carnis humanae, improbus.
Tum somno sese tradidit
et oculos operuit.

morsus, us *m.:* Bissen
devorare: verschlingen
aviola, ae *f. Deminutiv von avia:* Großmütterchen
invalidus, a, um: schwach, kränklich
fame (*vgl.* fames, is *f.:* Hunger) (ex)cruciatus, a, um: vom Hunger geplagt, ausgehungert
avidus, a, um: gierig
caro, carnis *f.:* Fleisch
improbus, i *m.:* Schurke, Gauner
somno (*vgl.* somnus, i *m.*) se dare/tradere: sich dem Schlaf ergeben
operire, operio, operui, opertum: schließen
iuvenis, is *m. u. f.: hier:* junges Mädchen

Hoc ipso puncto temporis
quid faciebat iuvenis,
ad unum omnes quam amabant
et Rubrimitram appellabant?
In bono deversorio
sedebat cenatorio.

deversorium (i *n.*) cenatorium: Restaurant

Francogallorum fricta more
poma terrestria in ore
habebat, bubulam edebat,
potionem citrei bibebat.
Audivit telefonice
iuvenca de hac dira re.
Insiluit in birotam
suam automatariam
et appetivit miserae
domunculam aviolae.
Pulsavit ostium et intravit
et se de Lupo vindicavit.
Ictu kung fu maleficum
prostravit scelestissimum.

frigere, frigo, frixi, frictum: backen, rösten, dörren
mos, moris *m.: hier:* Art und Weise
pomum (i *n.*) terrestre: Kartoffel
bubula = caro (carnis *f.*) bubula: Rindfleisch
potio, onis *f.:* Trank, Getränk
citreum, i *n.:* Zitrone
iuvencula, ae f. *Deminutiv von iuvenca, ae f.:* junges Mädchen
insilire, silio, silui, –: *auf etwas* springen
birota (ae *f.*)automataria: Motorrad

se vindicare: sich rächen
ictus (us *m.*) kung fu: Kung-Fu-Schlag
maleficus, i *m.:* Bösewicht
prosternere, sterno, stravi, stratum: niederstrecken
scelest(issim)us, a, um: (sehr) verbrecherisch

Praeceptum

Tempora, scilicet, mutantur
pupaeque his accommodantur.

accommodare: anpassen

7 De tribus porcellis fabula

In silva porculus vivebat.
Casellam ille incolebat,
haud creditis, ridiculam
casellam stramenticiam.

Cum Lupus silvam ambularet
magnaque fame laboraret,
cum venter eius crepitaret,
porci casellae propinquavit
et eam flatibus prostravit.
Quo facto ruit in porcellum
et devoravit stupidellum.

porcellus, i m. *Deminutiv von porcus, i m.:* Schweinchen

casella (ae *f.*) stramenticia: Strohhäuschen
incolere, colo, colui, cultum: bewohnen

ambulare: durchwandern
fame laborare: Hunger leiden
venter (tris *m.*) crepitat: der Magen knurrt

flatus, us *m.:* das Blasen
ruere, ruo, rui, rutum: sich stürzen auf
stupidellus/stupidulus (*vgl.* stupidus, a, um): dümmlich

In silva porculus vivebat,
qui casam ligneam habebat.
Cum Lupus casam indagaret
adhucque fame laboraret,
hanc etiam flando prostravit
et eius incolam voravit.

In silva porculus vivebat.
Immotam casam possidebat,
quae facta erat solidis
et saxis et laterculis.

ligneus, a, um: aus Holz
indagare: aufspüren, entdecken

flare: blasen

immotus, a, um (*vgl.* movere, moveo, movi, motum): fest, unerschütterlich
saxum, i *n.:* großer Stein
laterculus, i m. Deminutiv von later, eris m.: Ziegelstein

Lupus iratus flavit, flavit,
sed casa flatus sustentavit.
Cum saxa flatus sustinerent,
cum flatus casam haud moverent
pulmones iterum cruciavit,
sed frustra flavit. Tum clamavit:

sustentare: aushalten
sustinere, tineo, tinui, tentum: aushalten, standhalten

pulmo, onis *m.:* Lunge
cruciare *(vgl. crux, crucis f.: Kreuz):* quälen, martern, anstrengen
frustra *Adv.:* vergeblich

»Casam, nisi pulmonum vi
dilabitur, pyroboli
vi displodendi adaequabo
solo. Deinde te vorabo,
Porcelle, te absumam totum!
Quod solvam, mihi crede, votum.«

dilabi, labor, lapsus sum: auseinanderfallen
vis (vim, vi *f.*) pyroboli displodendi: Sprengkraft
aliquid solo adaequare: etwas dem Erdboden gleichmachen
votum (i *n.*) solvere, solvo, solvi, solutum: ein Versprechen halten, einlösen

Cum haec audiret Porculus
metu exsanguis, pallidus
Rubrimitellae numerum
pulsavit telephonicum.

metu (*vgl.* metus, us *m.*) exsanguis, e: vor Angst kraftlos, blass
pallidus, a, um: bleich, blass

Puellae »Moriturus te
salutat«, dixit, »Iuva me,
ne Lupus totum me voraret
casamque meam disturbaret!
Tu optime scis ut nefanda
monstra lupina sint tractanda.«

disturbare: zerstören
nefandus, a, um: ruchlos

Auxilii cum indigeret
Porcellus, cum ploraret, fleret,
cum singultiret, eiularet,
cum Rubimitram supplicaret,
iuvenca venit illico
auxilio miserrimo.

indigere,indigeo, indigui – (alicuius rei): bedürfen, brauchen
singultire: schluchzen
eiulare: heulen, wehklagen
iuvencella, ae *f. Deminutiv von iuvenca:* junges Mädchen

Cum aperiret ostium
conspiceretque improbum,
hunc Nipponensi denuo
afflixit terrae colapho.

terrae affligere, fligo, flixi, flictum: niederschmettern
colaphus (i *m.*) Nipponensis: japanischer Schlag, Karateschlag

Praeceptum

Nostris temporibus formosae
puellae valde sunt dolosae!

dolosus, a, um: arglistig, heimtückisch

8 De Cinerentula fabula

Eheu, quae erat misera
puella Cinerentula!

Die ac nocte laborabat:
Cibos sororibus parabat,
mensam tegebat, exstruebat
epulas, vasa eluebat.
Sternebat lectos invisarum
sororum ignavissimarum.
Sororum calceos poliebat.
Intimam cellam detergebat.
Lintea sordida lavabat
et ferro ea levigabat.
Suebat, ibat obsonatum
Walmartum in supermercatum.

eheu! Interjektion: ach!

mensa, ae *f.:* Tisch
mensam tegere, tego, texi, textum: den Tisch decken
epulae, arum *f.:* Speisen
mensam epulis exstruere, struo, struxi, structum: den Tisch mit Speisen »beladen«, decken
vasa (*vgl.* vas, vasis *n.*) eluere, luo, lui, lutum: Geschirr spülen
sternere, sterno, stravi, stratum: ebnen, glätten
lectus, i *m.:* Bett
invisus, a, um: verhasst
ignavus, a, um: träge, faul
calceus, i *m.:* Schuh
polire: polieren
intima cella, ae *f.:* Klo
detergere, tergeo, tersi, tersum: abwischen
lintea (orum *n.*) sordida: schmutzige Laken
ferro levigare: (mit dem Eisen) glätten, bügeln
suere, suo, sui, sutum: (zusammen)nähen
obsonatum ire, eo, ii: einkaufen gehen

Sed nuper exclamavit illa:
»Num serva sum?! Num sum
ancilla?!
Num parvula sum stupidella?!
Sum huius temporis puella!
Neutiquam mancipium
novercae odiosae sum!«
Hac electronice missarum
aetate nostra litterarum
filiolae mutatae sunt
et plane liberatae sunt.
Nulla ad opera ingrata
conficienda est parata!

nuper *Adv.:* neulich
neutiquam *Adv.:* keineswegs, durchaus nicht
mancipium, i *n.:* Eigentum, Besitz
noverca (ae *f.*) odiosa: die verhasste Stiefmutter
litterae (arum *f.*) electronice missae: E-Mail

Puella, hoc cum ita sit,
discospeluncam adiit,
in qua spelunca celebratus
cantor Robertulus vocatus
quot noctibus romantica
cantabat bella cantica.

Robertulus, i *m.:* Robbie (Williams)
quot noctibus: jede Nacht

Non solum iucundissimus
sed etiam divitissimus
vir ille erat. Qua de re
ad unam omnes perdite
virgunculae eum amabant,
in eo valde suspirabant.

ad unum (unam) omnes: ausnahmslos
perdite amare: maßlos lieben
in aliquo suspirare: nach jemandem schmachten

Ut Cinerentula ineptae,
quae ex noverca sunt susceptae,
amore etiam magna vi
incensae sunt Robertuli.
Sorores autem pustulatae
Robertulo haud erant gratae.
Qui cupiebat unicam
puellam: Cinerentulam.

ineptus, a, um: töricht, törichter Mensch
suscipere, cipio, cepi, ceptum: (Kinder) zeugen
amore alicuius incensus, a, um: verliebt
pustulatus, a, um: *hier:* pickelig
cupere, cupio , cupivi, cupitum: (leidenschaftlich) begehren

Sed cantatori callida
non nupsit Cinerentula
a potestate improbarum
nunc liberata feminarum.
Ducta in matrimonium:
Quid esset nisi iterum
cibaria ancilla, serva
hebetula crassa Minerva.

nubere, nubo, nupsi, nuptum (alicui): heiraten *(von der Frau)*

cibarius, a, um: *hier:* gewöhnlich
hebetulus, a, um (*vgl.* hebes, hebetis): blöde, dümmlich
crassa Minerva: von derbem Hausverstand

Praeceptum

Qui homo sapiens effugit
de fumo non ad flammam it.

de fumo ad flammam ire *provokativ:* vom Regen in die Traufe kommen

9 De Cucumerita puella fabula

Cucumerita, ae *f.* (*vgl.* cucumis, eris *m.:* Gurke): *etwa* »Gurkinchen«

Vivebat olim in Nivata
uxor Renata appellata.

Nivata, ae *f.:* Nevada

ventriculus *(vgl. venter, tris m.: Bauch):* Bäuchlein
ventriculum ferre: »ein Bäuchlein tragen«, *d. h.* schwanger sein

Renata erat gravida
e coniuge et avida
mixtorum acetariorum
cucumerumque edendorum –
quod intellegitur per se!
Bonus maritus ea re
vicinae furto subducebat
cucumeres, quos appetebat,
quod fauce improbissima
incitabatur, femina.

gravida e coniuge: schwanger vom Ehemann
miscere, misceo, miscui, mixtum: mischen, mischend zubereiten
acetaria, orum *n.:* Salat

vicina, ae *f.:* Nachbarin
furto (*vgl.* furtum, i *n.:* Diebstahl) subducere, duco, duxi, ductum: stehlen
faux, cis *f.:* Heißhunger
improbus, a, um: maßlos
incitare: antreiben

Oleris furto stomachatast
vetella. Quae vociferatast:
»Furtum cucumerum punietur!
Filia nata abducetur!«

olus, eris *n.:* Gemüse, Grünzeug
stomachari: sich ärgern
vetella, ae *f.* (= vetula): alte Frau
vociferare/vociferari: schreien

Infans Renatae vixdum nata
Cucumerita baptizata
(quae vocabatur Rapunzella
Grimm geminorum in fabella)
abducta est, abrepta, rapta
ab anu illa mente capta.

vixdum *Adv.:* kaum
baptizare: taufen
gemini, orum *m.:* Zwillinge
abducere, duco, duxi, ductum: entführen
abripere, ripio, ripui, reptum: entführen
rapere, rapio, rapui, raptum: entführen

In turri fossula munita
inclusa est Cucumerita.
E nucula fit arbuscella
et ex infante fit puella.
E bulbis fiunt tulipae
et e puellis feminae.
Iam facta erat et mellita
virguncula Cucumerita,
formosior quam Heidi Klum,
bellissima mulierum.

turris, is *f.:* Schloss, Burg, Turm
foss(ul)a, ae *f.:* (kleiner) Graben
munire: sichern, schützen
nucula *(vgl. nux, nucis f.: Nuss):* Nüsschen
arbuscella/arbuscula: Bäumchen
bulbus, i *m.:* Zwiebel, Knoblauch

De miseranda femina
in turri clausa aliqua
rumor, sit Dominus laudatus,
ad cantatorem est allatus.

aliqua *Adv.:* irgendwo; irgendwie
rumor, oris *m.:* Gerücht, Gerede
cantator, oris *m.:* Sänger
afferre, affero, attuli, allatum: überbringen, herbeitragen

Aprico die hic cantator,
vir bellus, qui admirabatur
a nuptias cupientibus
puellis pubescentibus,
puellam vidit somniatam
aurea iuba adornatam
per fenestellam prospicientem
et verba illa edicentem:
»A cunctis viris adamor
et cupior er appetor.

apricus, a, um: sonnig
nuptiae, arum *f.:* Hochzeit
pubescere, pubesco, pubui, –: heranreifen
somniare: (er)träumen
iuba, ae *f.:* Mähne
fenestella, ae *f. (Deminutiv von fenestra):* Fensterchen
adamare: lieb gewinnen, innig lieben
appetere, peto, petivi, petitum: begehren

Sed quando demum liberabor,
et quando viro collocabor?
Cupio fieri marita
bello velamine vestita!«

collocare: *ein Mädchen* verheiraten
velamen, inis *n.:* Gewand, Schleier
vestire: kleiden, bekleiden

Sed ut terrarum fieri
hoc poterat et perfici?
Ut poterat deferri bella
de turri alta iuvencella?
Cantator cogitavit rem.
Rudentem hic flexibilem
»bungee« vocatum comparavit,
Cucumeritae quem iactavit.
Puella cincta est rudente
Quo facto illa capta mer
de turri in profundum s
praecipitavit temere.

rudens, entis *m.:* Seil
comparare: beschaffen
cingere, cingo, cinxi, cinctum: umgürten
profundum, i *n.:* Tiefe
praecipitare: kopfüber herabstürzen
temere *Adv.:* blindlings, unüberlegt

Sed funis ille exsecratus,
ut dixi, »bungee« nominatus,
nimium longus erat! – »Vae,
puellae tibi miserae!«

funis, is *m.:* Seil
exsecrari: verfluchen

Praeceptum

Est, erat, erit vitae lex:
Cita, mehercle, ruit nex!

citus, a, um: schnell
mehercle!: beim Hercules!
ruere, ruo, rui, rutum: eilen, rennen
nex, necis *f.:* Tod

10 De lupis septemque capellis fabula

Alvo suo exonerato,
corpore calida lavato,
filiis septem excitatis,
coffea sumpta, lectis stratis,
cito ientaculo parato,
capillo pexo et crispato,
genis et labris coloratis,
filiis suis basiatis
hoc mater dixit: »Bubulinam
Macdonaldensem in popinam
nunc eo panes venditum
carne infersos. Ceterum,
Lupum maleficum cavete
absente me! Et nunc valete!«

capella, ae f. (Deminutiv von capra, ae f.): Geißlein
alvus, i *f.: hier:* Darm
exonerare: entlasten, entladen
calida = aqua calida
excitare: aufwecken
coffea, ae *f.:* Kaffee
sumere, sumo, sumpsi, sumptum: (Nahrung) zu sich nehmen
ientaculum, i *n.:* Frühstück
capillus, i *m:* Haar
pectere, pecto, pexi, pexum: kämmen
crispare: (Haar) kräuseln
gena, ae *f.:* Wange, Backe, Kinn
labrum, i *n.:* Lippe
basiare: küssen
popina (ae *f.*) bubulina: Steakhaus
infercire, fercio, fersi, fersum: hineinstopfen, belegen
absente me (*vgl.* abesse, absum, afui, afuturum): in meiner Abwesenheit

Iam paulo post portam casellae
pulsavit Lupus. Cui capellae
intranti casam una cum
amicis suis aditum
basiolaque dediderunt
amicos necnon basiaverunt.

(alicui) aditum dare: (jemandem) Zutritt gewähren

necnon: und gewiss auch

Sic ergo rebus stantibus,
capris domi versantibus
ambobusque parentibus,
ut fere fit, absentibus:
quid, nisi pedibus pulsandum
nunc demum, festum
celebrandum?
Qua deliberatione facta
astuta aleaque iacta
coepit, vae, caprinarium
festum discothecarium.

rebus sic stantibus (*vgl.* stare, sto, steti, staturum): bei diesem Stand der Dinge
versari: sich aufhalten

deliberatio, onis *f.:* Überlegung
astutus, a, um: schlau, listig, verschlagen
caprinarius, a, um: Ziegen-

Adulescentibus tam grata
sescentis Vatt amplificata
iam discomusica sonabat,
quae aures surdas hilarabat.

sescentie(n)s *Adv.:* sechshundertmal

surdus, a, um: stumm

Nunc tempus est piciferarum
accendendarum fistularum.

fistula (ae *f.*) picifera (*vgl.* pix, picis *f.:* Pech): »Pech tragendes Rohr«, Zigarette
accendere, cendo, cendi, censum: anzünden

A picem haurientibus,
euax, adulescentibus
pulmones valde delectantur,
carcinomatibus ornantur.

euax *Interjektion: (ironisch):* juchhei!
pulmo, onis *m.:* Lunge
carcinoma, atis *n.:* Krebsgeschwür

Tota domuncula fumosa
nube ornata perniciosa,
pilis inebriantibus
voratis cor laetantibus,
orgia infantaria
iam coepit culinaria:
Scriblitae pizzae appellatae
permultis bonis rebus stratae
(olivis, perna, caseo,
sardinis, fungis, ketsupo)
sunt cibus vere delicatus
adulescentibus pergratus.

nubes (is *f.*) fumosa: Rauchwolke
perniciosus, a, um: verderblich, schädlich
pila, ae *f.:* Ball; *hier:* Pille
inebriare: berauschen, trunken machen

coepere, coepio, coepi, coeptum: beginnen
scriblita, ae *f.:* eine Art Kuchen
sternere, sterno, stravi, stratum: bedecken, bestreuen
perna, ae *f.:* Schinken
fungus, i *m.:* Pilz
ketsupum, i *n.:* Ketchup

Et inerant armario
res bonae frigidario:
botelli illi Serbici
vulgo dicti »cevapcici«,
paniculi Macdonaldenses,
paniculi Regiburgenses,
Osmanici, hillae calentes
iucunde, optime sapientes.

armarium (i *n.*) frigidarium: Kühlschrank

botellus, i *m.:* Wurst
vulgo *Adv.:* allenthalben, allgemein

paniculus (i *m.*) Osmanicus: Osmanisches Brötchen, Dönerkebab
hilla (ae *f.*) calens: Hotdog
sapere, sapio, sapivi, –: schmecken

Matri, cum domum rediit,
terror, nimirum, incidit
musica mira resonante,
Eminem quodam crocitante,
capellis ineptientibus
inepta facientibus,
lupellis delirantibus
inepta et tractantibus
vi magica ecstaticarum
obstupefactis pilularum.

mirus, a, um: seltsam, wundersam
Eminem: bardus rap Americanus
crocitare: krächzen
ineptire: albern daherreden, Unsinn schwatzen
inepta, orum *n.:* Unsinn
delirare: verrückt sein, spinnen

obstupefacere, facio, feci, factum: betäuben

Pernam conspexit adhaerentem
parieti, botulum iacentem
hepatiarium contritum
in solo, ovis ius conditum.
Ubique vidit ketsupum,
olivas, fungos, caseum.
Cum mater domum rediit,
conspexit, verbum venia sit,
haram fastidium moventem
et plane animum pungentem.

Sed plaustrum illa tacita
perculit cella intima,
illud refugium sedatum
pollutum atque profanatum.

adhaerere, haereo, haesi, (haesum): an etwas hängen, kleben
paries, etis *f.:* Mauer, Wand
botulus (i *m.*) hepatiarius: Leberwurst
conterere, tero, trivi, tritum: zerbröckeln
ius (iuris *n.*) ovis conditum(condire): Mayonnaise

sit verbum venia: man verzeihe den Ausdruck
hara, ae *f.:* Schweinestall
fastidium, i *n.:* Ekel
animum pungere, pungo, pupugi, punctum: Ärgernis erregen
plaustrum, i *n.:* Lastwagen
percellere, cello, culi, culsum: völlig erschüttern, niederschmettern
plaustrum perculit: das schlägt dem Fass den Boden aus
cella (ae *f.*) intima: Klo
refugium (i *n.*) sedatum: stiller Zufluchtsort
profanare: entweihen

Praecepta

Genus lupinum est nefandum.
Quare de lupis dubitandum.

genus (generis *n.*) lupinum: Wolfsgeschlecht
nefandus, a, um: verrucht

O mater, domi si mansisses,
haram vitare potuisses.

Appendix Grammatica zu den Fabulae 1 und 2: Präsens Indikativ

1

Hannes in silvam it. – Cibum appetit. – Famem exstinguere vult. – Miram casellam conspicit. – Casellam spiris, libis mellitis *(Lebkuchen)* constratam ore arrodit. – Spiram de ea detrahit. – Eam comedit et famem explet *(Hunger stillen)*. – Vocem veneficae audit. – Veneficam videt, salutat et in casellam eius intrat.

1. Nenne die Infinitive der konjugierten Verben.

2. Setze den Text in den Plural:

1. Hannes et Gretula in silvam eunt. – 2. Cibum ...

2

Venefica apparet. – Liberis aditum dat. – Fame laborat et Iohannem comedere vult. – Puerum macrum in cavea includit et saginat. – Maga magnam fornacem habet, in qua liberos, quos capit, immittit et assat. – Os fornacis aperit et miserum puerum assare temptat. – Sed maga ipsa in fornacem incidit et in flammis perit *(umkommen)*. – Merito hoc ei accidit *(geschieht ihr recht)*!

1. Nenne die Infinitive der konjugierten Verben.

2. Setze den Text in den Plural:

Venefica et soror gemina apparent. Liberis aditum dant ... – Liberis ...

3

Hannulus et Gretula narrant:
»Parentes nostri vitam in egestate *(Armut)* degunt. Itaque nos domo expellunt. Diu in silva erramus. Postremo casellam conspicimus, quae bellariis constrata est. Spiram de tecto detrahimus et devoramus, quod valde esurimus.
Subito anus apparet. In casam suam nos allicit, quod nos assare et comedere vult. Cum autem os fornacis aperit et in id inspicit, in ignem eam immittimus. Mala vetula in flammis perit. Pecuniam eius tollimus et domum redimus.«

Verändere den Text folgendermaßen:

Noverca vitam in egestate degit. Itaque liberos domo ...

4

Niveola narrat:

»Mors patris vitam meam mutat et novat. Noverca odium in me gerit. E domo me pellit, et ego in silvam pervenio. Cum per eam eo, in septem nanos incido, qui me hospitio accipiunt.

Homulli autem magnum vitium habent: iterum iterumque aleam sortium temptant et iterum iterumque nummos suos perdunt.

Nanis gratam me praebeo. Noverca mea speculum magicum possidet, quod divinare potest. Quid ergo facio? Domum cursito, speculum novercae clepo, ad nanos redeo. Speculum amicos meos divites reddit. Hi valde gaudent et exsultant. Collum meum petunt, me permulcent, oscula mihi dant.«

Verändere den Text folgendermaßen:

Mors patris vitam Niveolae ...

Appendix Grammatica zu Fabula 3: Futur 1

1

Vates puellae, cuius pila in puteum incidit, futura praedixerat:
»In hortum ibis et pila ludes. – Pila in puteum incidet. – Tristissima eris: plorabis, flebis, lacrimabis. – Ranunculus prope puteum stabit. – Ploratum tuum audiet. – Veniet, videbit, vincet. – Vestem sibi exuet, in puteum se praecipitabit, pilam efferet. – Ranunculo gratias agere debebis, gratias ei ages. – Basia dulcia ei promittes, ad cenam eum invitabis / vocabis. – Iam vesperi te viset, ianuam domus tuae pulsabit. – Promisso tuo, scilicet, stabis. – Ad collum Ranunculi insilies, osculum ei dabis. – Sed in principem non se vertet, pellem amphibiam non amittet, Ranunculus manebit. – Tu autem in ranam arboream abibis / te conferes.«

Ändere den Text folgendermaßen um:

Ranunculus narrat:
»Puella in hortum ibit et …«

Puella narrat:
»In hortum ibo et ... «

2 Latine cantemus!

»Qué será«:

Quid, mihi dic, amabo te,
o mamma mea, fiet de me?
Erone pulchra? Habebo aes?
Aut illa labar spe?

Fient omnia,
quae erunt facienda. Qua
tu cedes fortunae re,
o Caecilia,
mea filia.

»All My Loving«:

Oscula tibi dabo,
cras procul migrabo.
Manebo in fide tui.

Litteras peregre
saepe mittam ad te, meum
cor mittam, anime mi!
Mittam meum cor, anime mi.
Fidem colam, melculum, tibi.

Appendix Grammatica zu Fabula 4: AcI

1

Ergänze die Sätze mit AcI-Konstruktionen.

Mater Hannulo filio:

> *Exemplum:*
> Pauperes sumus. – Certe non ignoras … – Certe non ignoras nos pauperes esse.

1. In egestate degimus. – Bene scis ...
2. De pecunia laboramus. – Inter omnes constat ...
3. In angustiis versamur. – Manifestum est ...
4. Tu puer sanae mentis es. – Non ignoro ...
5. Accipe bovem et i in oppidum! – Volo ...
6. Vende bestiam! – Cupio ...
7. Bos magni pretii est. – Non nescius es ...
8. In oppido virum divitem investigabis. – Puto ...
9. Ille bovem nostram emet. – Spero ...
10. Animal magni pretii vendes. – Spes me tenet ...
11. Vir non te fraudabit. – Existimo ...
12. Tu omnia bene conficies. – Opinor ...

2

Filia matri narrat, quod sibi acciderit, sed mater iamdiu de eventu certa facta est ...

»1. Pila mea e manu lapsa est et in puteum incidit.
2. Ranunculus arboreus hoc vidit et mihi subvenit.
3. Vestibus se exuit et in puteum se praecipitavit.
4. Pilam e puteo extulit et mihi reddidit.
5. Basiola Ranunculo promisi.
6. Septima hora ille ianuam casae meae pulsavit.
7. Ianuam aperui et Ranunculum intromisi.
8. Basium ei dedi.
9. Pellem amphibiam non amisit.
10. Ranunculus mansit.«

Formuliere die Antwort der Mutter.

> *Exemplum:*
> Novi (Scio ... / Non nescia sum ... / Non ignoro ... / Audivi ... / Comperi *(in Erfahrung bringen)* ... / Vicina mihi dixit ... / Rumor per totam viciniam pervagatur ...)
> ... pilam tuam e manu lapsam esse et in puteum incidisse.

3

Latine cantemus!

Hänsel and Gretel singen auf die Melodie von »Happy Birthday to You«:

//: Nolo vetulam nos ://
saginare, assare,
ut illius est mos.

Hänsel and Gretel singen auf die Melodie von »Sur le pont d'Avignon«:

Puto nos miseros
perituros, morituros.
Puto nos miseros
obituros liberos.

Decet Gretulam punisse
subdolam veneficam.
Iustumst istam periisse
in fornace vetulam.

Constat magam inclusisse
miserandum Hannulum.
Notumst eam voluisse
devorare miserum.

Singt auf die Melodie von »I am Sailing«:

Scimus monstrum comedisse / voravisse
Hannis matrem stultulam.
Scimus Hannulum scivisse / dixisse
eam etiam foetidam.

Singt auf die Melodie von »O My Darling Clementine«:

Scimus tempora mutari
et in his mutari nos.
His necesse commodari
nos et nostros liberos.

Appendix Grammatica zu Fabula 5: Gerundium und Gerundivum

1

Rospina sciebat nere, acubus texere, sarcire, coquere, condire.

Formuliere um und verwende Gerundia.

> *Exemplum:*
> Rospina perita erat artis nendi.

2

Rospina sciebat tunicas nere, vestes texere, tegumenta corporum suere, tibialia acu sarcire, placentas coquere, poma condire.

Formuliere um und verwende Gerundia und Gerundiva.

> *Exemplum:*
> Rospina perita erat artis tunicas nendi. – Rospina perita erat artis tunicarum nendarum.

3

Rospina adversabatur grammaticam discere, verba Latina declinare, vocabula Latina ediscere, praescripta domestica facere, scripturas componere, scriptores veteres et praecipuos legere, fabulas Theodisce reddere, carmina (ex memoria) recitare.

Formuliere um und verwende Gerundia und Gerundiva.

> *Exemplum 1:*
> Pigebat Rospinam grammaticam discendi.

> *Exemplum 2:*
> Taedebat Rospinam grammaticae discendae.

> *Exemplum 3:*
> Rospina abhorrebat a grammatica discenda.

Appendix Grammatica zu den Fabulae 6 und 8: Perfekt und Imperfekt Indikativ

1

Lupus esuriebat, intestina eius crepitabant. Avia Rubrimitellae domunculam mobilem habebat, qua in domuncula habitabat. Lupus hoc sciebat.
Quid ergo fecit?
In casellam irrupit (invasit) et anum devoravit.
Ubi erat Rubrimitella eo ipso puncto temporis?
In popina Macdonaldensi inveniri poterat.
Quid ibi agebat?
Poma terrestria, quae ketsupo ornata erant, edebat, coca-colam sorbebat, fumum tabaci hauriebat, cum amicis garriebat.
Quid fecit, cum amici de avia vorata eam certiorem fecerunt?
Ad domunculam automatariam aviae festinavit, in eam irruit, Lupum, qui dormiebat, e somno excitavit, ictu terribili kung fu afflixit, aviam vindicavit.

Setze den Text ins Präsens.

2

Perdiu Cinerentula omnia opera ingrata faciebat:
Obsonabat, ientaculum parabat, cenam coquebat, mensam epulis exstruebat, vinum e cella vinaria promebat, patinas *(Pfannen)* et vasa coquinaria perluebat, vestimenta lavabat et premebat, pavimentum verrebat, supellectilem detergebat, calceos poliebat, gramen *(Rasen)* secabat, multa cetera faciebat.
Sed quondam puella rebellavit et opus intermisit *(streiken, Arbeit aussetzen)*.
HONDAM birotam automobilem insiluit et in discothecam properavit, ubi Robertulum cantatorem cognovit, qui cantica amatoria cantabat, quibus puellas fascinabat et animos earum permulcebat.
Cum primum ille Cinerentulam vidit, illico amore eius captus est. Vir, qui pecunia abundabat, iuvencam in matrimonium petivit, quod amore eius tantopere flagrabat et ardebat.
Cinerentula nuptias autem recusavit.

Formuliere den Text folgendermaßen um:

Cinerentula narrat:
»Perdiu omnia opera ingrata faciebam: Obsonabam, ientaculum parabam ...«

3

Venefica femina malitiosa est. Liberos expulsos, qui itinere deerrant, in suam casam allicit, in cavea includit, saginat, in fornacem immittit, assat, comedit.
Anus mala et Hannulum in casam suam allicit, in cavea includit, saginat. Puerum edere autem non potest. Gretula eam enim in fornacem detrudit, qua in fornace perit. Sic transit gloria magae!

Setze den Text in die Vergangenheit.

4

Puella singultit, flet, lacrimas effundit. Pilam eius in puteo iacet. Ranunculus prope stat et miseram lacrimare videt. Parvulae eum miseret. Quid facit? Accurrit, vestem sibi detrahit, in puteum se praecipitat, pilam effert, quam puellae reddit.

Setze den Text in die Vergangenheit.

5

Aëroplano transoceanico Australiam appetenti trecenti quadraginta tres viatores inerant, alii dormientes, gaudia ferialia somniantes, alii periodica legentes, conchis auditoriis *(Kopfhörer)* auribus affixis televidentes, tertii iocos narrantes, cruciverbia *(Kreuzworträtsel)* persolventes, gummi Wrigleyense manducantes, potionem arabicam *(Kaffee)* bibentes. Cellulae gubernatoriae *(Cockpit)* inerant aëronavis praefectus *(Chefpilot)*, vicarius *(Kopilot)* eius, quattuor machinatores, ministratrix primaria *(Purseress)* diem natalem cum aërinautis celebrans. Non licet aëronautis in cellula gubernatoria sedentibus et aërinavem gubernantibus fumum bacillorum nicotianorum haurire, vischium bibere, cum ministratricibus nugari *(schäkern)*, ministratrices basiare.
Non licet ministratricibus in gremio *(Schoß)* aërinautarum sedere, diem natalem in cella gubernatoria celebrare. Quae omnia autem aëronavis praefectus et diaetaria primaria *(Purseress)* contra vetitum faciebant. Cum subito phalanga turbinalis *(Triebwerk)* ignem concepit, aëroplaniga *(Pilot)* nil nisi haec sequentia, quae recte fecit, facere potuit: poculum vischii statim deponere, ministratricem de gremio pellere, sigarellum exstinguere, nuntium radiophonice mittere, Honolulo volando appropinquare, terram Havaianam contingere.

Beantworte folgende Fragen:

1. Cum phalanga turbinalis ignem concepit, quid eo ipso puncto temporis tractabant viatores? Quibus in rebus versabatur aëronavis praefectus? Quibus rebus studebat / se dabat ministratrix primaria?

2. Cum phalanga turbinalis ignem concepit, quid fecit, quomodo se gessit aëronavis praefectus? Quid fecerunt, quomodo se gesserunt viatores – haud dubie?

Appendix Grammatica zu Fabula 7: Konjunktiv Imperfekt nach cum

1

1. Intestina Lupi crepitabant, quod fame laborabat.
2. Esuriebat, quod ventri suo nil inerat.
3. Per silvam currebat, quod porcellos ibi vivere sciebat.
4. Porcellos edere satis habere debebat, quod nil aliud nisi porcellos capere poterat.
5. Porcellis edendis contentus esse debebat, quod nil aliud ad vescendum aptum reperiebat.
6. Lepores *(Hasen)* vel capreas *(wilde Ziegen)* agitare non poterat, quod illos celeripedes *(schnellfüßig)* non aequabat.
7. Itaque porcellorum casellas appetivit, quod fame periebat.
8. Casellam primi porculi flatibus prosternere potuit, quod illa stramenticia erat.
9. Casellam secundi porci etiam prostravit, quod illa e ligno facta erat.
10. Casella saxea tertii porci non dilapsa est, quod saxa flatus sustentabant.
11. Lupus furore saeviebat, quod casam solo adaequare non poterat.
12. Porcellus numerum telephonicum Mitellae Rubrae pulsavit, quod furorem Lupi timebat.
13. Porcellus Lupum timebat, quod ille vitae porcorum insidias parabat / faciebat / struebat.
14. Porcellus a Rubrimitella auxilium petivit, quod puella sciebat, quomodo lupi malefici tractandi essent.

Ersetze quod durch cum.

> *Exemplum:*
> Cum Lupus fame laboraret, intestina eius crepitabant.
> Cum ventri suo nil inesset ...

2

Setze die Infinitive in Klammern in die korrekten Formen des Imperfekt Konjunktiv:

1. Cum Hannes fame (laborare),
cum venter eius (crepitare),
paniculum veneficae
surripuit maleficae.

2. Puellae pila cum (iacere)
in puteo, cum illa (flere),
cum (singultire), (lacrimare),
cum (eiulare), (ululare),
Ranunculus, quam reddidit
puellae, pilam extulit.

3. Cum Hannes corpus non (lavare),
cum dentes suos non (purgare / fricare),
cum ergo hirculum (olere)
lutosum, grave cum (putere),
gigas in ramis abditus
eum olfecit naribus.

4. Fornacem maga cum (adire)
et os illius (aperire),
immisit eam Gretula
in ignem. – Vale, vetula!

Appendix Grammatica zu Fabula 9: Passiv

1

Cucumerita sortem suam deplorat:
»Cucumerita appellor. Ita dicor, quod mater gravida fame cucumerum urgebatur.
Ante viginta annos in lucem edita et baptizata sum.
Vixdum nata a mala vicina e chiramaxio *(Kinderwagen)* rapta et in turrem asportata sum, qua in turri nunc custodia teneor.
A vetula illa pro hoste habeor, contemnor, pessime tractor.
Ab omnibus viris sub fenestella turris praetereuntibus pulchritudo mea admiratur, ab omnibus perdite amor et appetor. Tamen puella tristissima sum.
Eheu me miseram!
Quousque tandem poenis afficiar? Quousque tandem verberabor *(schlagen)* et verbis castigabor?
Quando e custodia dimittar?
Quando liberabor, redimar, levabor?
Quando a bono viro in matrimonium collocabor?
Quando demum fiet iustitia?
Quando vetula punietur, supplicio afficietur?«

Setze den Text in die 3. Person Singular:

Cucumerita appellatur. Ita dicitur ...

2

Tempora mutantur!

Erzähle von den Unterschieden zwischen früher und heute.

> *Exemplum:*
> Antea liberi verberibus *(Schläge)* castigabantur / puniebantur.
> Hodie verbis castigantur / puniuntur.

1. Vestimenta / lavare / sapone – pulvere lavatorio
2. Litterae / scribere / manu – machina scriptoria
3. Cubicula / verrere / scopis *(Besen)* – pulveris hauritorio
4. Boves feminae / mulgere *(melken)* / a rustica – machina mulctoria
5. Frumentum / metere / falce messoria *(Sense)* – machina messoria tritoria *(Mähdrescher)*
6. Plaustra *(Wagen)* / trahere / ab equis – ab automatis tractoriis
7. Opera domestica / facere / a feminis – saepissime a viris
8. Homicidae *(Mörder)* / capitis damnare – in carcerem dare (conicere, includere)
9. Domus / illuminare / cereis *(Kerzen)* – luce electrica
10. Domicilia / calefacere *(heizen)* / fornacibus – instrumentis calorificis

11. Vasa coquinaria / eluere / manu – machina escariorum lavatoria
12. Liberi / alere / fructibus hortorum et agrorum – pabulo Macdonaldensi celeriter parato
13. Arbores / caedere / securi *(Axt)* – serra electrica

Appendix Grammatica zu Fabula 9: Deponentien

Finde die Synonyme und ordne die Nummern den Buchstaben zu.

1. Puella clamavit.	a) Scelus ulti sunt.
2. Niveola apud nanos est.	b) Opinabor.
3. Speculum futura praediciebat.	c) Puella vociferata est.
4. Pater pro filio dicet.	d) Arbitramur.
5. Nani Niveolam basiabant.	e) Niveola novercae speculum furata est.
6. Niveola novercae speculum clepsit.	f) Nani Niveolam osculabantur.
7. Censemus.	g) Pater pro filio loquetur.
8. Putabo.	h) Speculum futura vaticinabatur.
9. Scelus vindicaverunt.	i) Niveola apud nanos deversatur.
10. Maga in flammis periit.	j) Laetemur!
11. Gaudeamus!	k) Maga in flammis mortua est.
12. Ambulamus.	l) Ratiocinabuntur.
13. Victoriam memoria tenebimus.	m) Noli sollicitari!
14. Rem oblivioni dedisti.	n) Fame morior.
15. Belli fortunam temptabunt.	o) Spatiamur.
16. Fame perio.	p) Belli fortunam conabuntur.
17. Noli laborare!	q) Rem oblitus es.
18. Computabunt.	r) Recordabimur victoriae.
19. Garriunt.	s) Niveola novercae speculum furata est.
20. Niveola a noverca speculum abstulit.	t) Confabulantur.

Appendix Grammatica zu Fabula 10: Partizip der Gleichzeitigkeit

1

Pater minime turbari vult,
cum ientaculum sumit, cenat, merendam *(Vesperbrot)* capit, cerevisiam bibit, diurnum legit, meridie conquiescit, telephonice loquitur, ludulos computatorios ludit, televidet, certamina pedilusoria televisifice emissa spectat, chartis ludit.

Ersetze die cum-Sätze durch Partizipien.

> *Exemplum 1:*
> Pater minime turbari vult ientaculum sumens ...
>
> *Exemplum 2:*
> Nolite turbare patrem ientaculum sumentem ...

2

Matri cottidie multa opera domestica facienda sunt. Debet
alimenta emere, cibos parare, mensam tegere / mensam ad cenam ponere, placentas coquere, vasa eluere, lectos sternere, calceos polire, locum secretum detergere, pavimentum lavare, lintea lavare et ferro levigare, vestimenta premere, tibialia acu sarcire, aedes verrere, flores irrigare, liberos in paedotropheum *(Kindergarten)* ducere.

Qua de causa filiis dicit:

Formuliere den Text folgendermaßen um:

> *Exemplum 1:*
> Adiuvate me alimenta ementem ...
>
> *Exemplum 2:*
> Adeste mihi alimenta ementi ...

3

Ad domum aedificandam nobis multis fabris opus est:

1. architecto, qui domum architectat – 2. caementariis *(Maurer)*, qui fundamentum iaciunt – 3. structoribus *(Maurer)*, qui lateres struunt – 4. tectoribus *(Gipser)*, qui tectorium *(Stuckarbeit)* parietibus inducunt – 5. fabris tignariis *(Zimmermänner)*, qui capreolos *(Dachsparren)* edolant *(zimmern)* et ponunt – 6. contegulatoribus *(Dachdecker)*, qui domum tegunt – 7. fabris fenestrariis *(Glaser)*, qui vitreas fenestras inserunt – 8. pictoribus *(Maler)*, qui parietes pingunt

Ersetze die Relativsätze durch Partizipialkonstruktionen.

Appendix Grammatica zu Fabula 10: Partizip der Vorzeitigkeit

Ersetze die Relativsätze durch Konstruktionen mit dem Partizip der Vorzeitigkeit.

> *Exemplum:*
> Capellae, quas mater domi reliquit, convivium *(Gelage, Party)* agitant.
> Capellae (a matre) domi relictae convivium agitant.

1. Lupi adveniunt, quos illae ad convivium telefonice invitaverunt.
2. Musicam audiunt, quam instrumentum, quod amplificatorium dicitur, sescentis Vatt amplificat.
3. Canticis gaudent, quos *Saxa Voluta (Rolling Stones)* composuerunt.
4. Laetantur et in cantiunculis romanticis, quas *Elvis Rex* cantabat.
5. Cantiunculas et audiunt illius feminae flavae *(blond)*, quae »Meadomina« appellatur.
6. Lambruscum vinum bibunt, quod societas cooperativa vitium cultorum *(Winzergenossenschaft)* adulteravit *(panschen)*.
7. Mentes capellarum vi pilularum alucinatoriarum alienantur, quae »Ecstasy« dicuntur.
8. Capellae pulverem naribus hauriunt, qui »angelicus« dicitur.
9. Sigarella fumant, quae CAMELUS quidam conficit et vendit.
10. Pulmones fumo nicotiano delectant, quem e fistulis sugunt.
11. Panicellos edunt, quos in popina Macdonaldensi emerunt.
12. Laminas solanorum *(Kartoffelchips)* consumunt, quas apud WALMARTUM obsonaverunt.
13. Botellis se recreant, quos in aqua fervida coxerunt.
14. Hillis calentibus fruuntur, quae lingua Anglica »hot dogs« vocantur.
15. Hillas calentes vorant, quas sinapi *(Senf)* illeverunt *(bestreichen)*.
16. Pomis terrestribus utuntur, quae more Francogallorum frixerunt.
17. Iure lycopersicorum *(Ketchup)*, quod in supermercatu obsonaverunt, parietes ingeniose adornant.
18. Quos et filis longis Italis adornant, quae e massa *(Teig)* farrata *(aus Getreide gemacht)* fiunt et nostro tempore »spaghetti« vocantur.

Appendix Grammatica zu Fabula 10: Ablativus absolutus

1

alvum exonerare – corpus lavare – ientaculum parare – liberos dormientes excitare – coffeam sumere – diurnum legere – vasa ientacularia perluere – lectos sternere – dentes fricare / purgare – labra colorare – ungues lacca obducere – capillum pectere – lentes inserticas *(Kontaktlinsen)* sibi induere – liberos in hortum infantium ducere – canem alere – obsonatum ire

Verfasse eine Geschichte.

Exemplum:
Alvo exonerato mater corpus lavat.
Corpore lavato ientaculum parat.
Ientaculo ...

2

1. Mater abest. Capellae non observantur.
2. Pater peregre versatur. Filiae non sub eius custodia sunt.
3. Avus et avia in Graecia ferias agunt. Puellae ad suum arbitrium vivunt *(sich selbst überlassen sein)*.
4. Educatores omnes ergo absunt. Orgia celebratur.
5. Musica sescentis Vatt amplificata concrepat. Aures obtunduntur.
6. Musica aures exsurdat. Lupi cum capellis saltant.
7. Meadomina cantat, Eminem cithara electrica canit. Lupi capellas complexu tenent.
8. Pilulae inebriantes mentem alienant. Lupi capellas basiant.
9. Alcoholum animi impedimenta amovet *(enthemmen)*. Capellae postulationibus luporum cedunt.
10. Intestina crepitant. Adulescentes gulae serviunt.
11. Mater redit. Domicilium hara est.
12. Miseranda saevit. Lupi domum redeunt.

Verbinde zwei Sätze zu einem.

Exemplum:
Matre absente capellae non observantur.
Patre peregre versante ...